Dans la même collection

Le plaisir des mots
Le livre de tous les pays
1 Le livre des fleurs
2 Le livre de la tour Eiffel
3 Le livre de la peinture et des peintres
4 Le livre des découvertes et des inventions
5 Le livre de l'hiver
6 Le livre de l'automne
7 Le livre du printemps
8 Le livre de l'été
10 Le livre de mon chat
11 Le livre de la montagne
12 Le livre du ciel
13 Le livre de tous mes amis
14 Le livre de tous les jours
15 Le livre du cheval
16 Le livre des chansons
18 Le livre des premiers hommes
21 Le livre des arbres
22 Le livre des oiseaux
23 Le livre des bords de mer
24 Le livre de la langue française
25 Le livre de l'histoire de France
26 Le livre de tous les Français

ISBN 2-07-039509

1er dépôt légal: Septembre 1983
Dépôt légal: Decembre 1986
Numéro d'édition: 39522
Imprimé par la Editoriale Libraria en Italie

LE LIVRE DES MARINS

COLLECTION DECOUVERTE CADET

Dominique Duviard
Illustrations de
Tony Ross

GALLIMARD

Hardi les gars ! Vire au guindeau
Good bye Farewell
Good bye Farewell
Hardi les gars ! Adieu Bordeaux !
Hourra ! Oh Mexico !
Ho ! Ho ! Ho !
Au cap Horn, il ne fera pas chaud
Haul away
Hé ! Houla Tchalé
A faire la pêche au cachalot
Hale matelot
Ho ! Ho ! Hisse et Ho !

Chanson à virer

CE LIVRE APPARTIENT À
Ivan Perret

Les marins dans l'histoire

Oh ! combien de marins, combien de capitaines
Qui sont partis joyeux pour des courses lointaines,
Dans ce morne horizon se sont évanouis !
Combien ont disparu, dure et triste fortune !
Dans une mer sans fond, par une nuit sans lune,
Sous l'aveugle océan à jamais enfouis !

Victor Hugo

Dans la nuit des temps : Noé et son arche. Le radeau. Le tronc d'arbre creusé en pirogue. Vers **– 5000 :** premiers bateaux crétois.

Vers **– 4000** en Polynésie : pirogues à balancier et radeaux à dérive. Vers **– 3500 :** chalands égyptiens en planches sur le Nil.

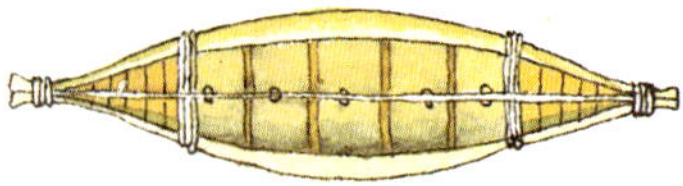

Vers **– 2800,** premier trafic maritime entre l'Egypte et Byblos (Phénicie). **– 2696 :** Khéops pharaon et construction des grandes pyramides jusque vers **– 2600.**

Entre **– 2000** et **– 1500,** Crétois et Phéniciens lancent des navires de commerce et de combat sur la Méditerranée.

Vers **– 1490,** expédition égyptienne au pays de Pount. Vers **– 1270,** destruction de Troie (début du voyage d'Ulysse ?).

Vers **– 1250,** Moïse fait sortir les Juifs d'Egypte en traversant la mer Rouge. **– 1137 :** Nabuchodonosor roi de Babylone.

– 880, splendeur de Ninive et mésaventure de Jonas : *il y eut une grande tempête sur la mer, au point que le vaisseau menaçait de se briser… Jonas cependant était descendu au fond du bateau ; il s'était couché et dormait profondément.* Plus tard, il naviguera dans le ventre d'une baleine…

Vers **– 800,** vie du poète Homère à qui l'on attribue *l'Iliade* et *l'Odyssée.* Vers **– 600,** le pharaon Nechao lance une expédition phénicienne autour de l'Afrique.

– 480 : Salamine, première bataille navale de l'Histoire.

Entre **– 480** et **– 430,** vie probable d'Hérodote, père de l'histoire et de la géographie.

– 399 : mort du philosophe Socrate. **– 336 :** début du règne d'Alexandre de Macédoine.

Entre **– 350** et **– 330,** expédition de Pythéas, le Grec de Marseille en Atlantique nord.

– 31 : le futur empereur Auguste défait la flotte d'Antoine et Cléopâtre à Actium en mer Ionienne. Entre **50** et **67** après J.-C. : voyages de l'apôtre Paul.

440-450 : Attila envahit l'occident. Vers **610 :** prédication de Mahomet et début de l'Islam. **649 :** apparition de la première flotte arabe en Méditerranée.

768-814 : règne de Charlemagne. Vers **790,** premières expéditions des Normands contre l'Angleterre. **846** et **866 :** les Normands assiègent Paris.

871 : Alfred le Grand fonde la Royal Navy. **983 :** découverte du Groenland par Eric le Rouge. **1029 :** premier établissement normand en Italie du Sud.

1066 : conquête de l'Angleterre par les Normands de Guillaume le Conquérant, avec 1400 bateaux.

Le Roi plaça ses hommes
A chaque banc de nage, coiffés de casques ;
Vision redoutable : grande allure
Avaient les navires bardés de boucliers rus
Terrifiant les hommes de cet arroi guerrier

Arnor Thordarson

1150-1300 : la boussole apparaît, se perfectionne et se généralise sur les navires de l'occident. **1270 :** huitième croisade et mort de Saint Louis à Tunis.

Entre **1275** et **1295,** voyages de Marco Polo. En **1290,** le Génois Benoît Zacharie établit le premier portulan.

1339 : début de la guerre de Cent ans. Vers **1420,** apparition des premières caravelles.

Entre **1396** et **1460,** vie de Henri le Navigateur, découverte des Açores, du Sénégal et des îles du Cap Vert par les Portugais.

1492 : Christophe Colomb aborde au Nouveau Monde.

1497, Vasco de Gama relie Lisbonne à Calcutta en passant par le cap de Bonne-Espérance.

Vers **1500,** apparition des premières caraques portugaises. En **1513,** le Pacifique est repéré par Balboa qui a traversé l'isthme de Panama.

En **1520,** Magellan passe entre l'Amérique du Sud et la Terre de Feu, et entre dans le Pacifique.

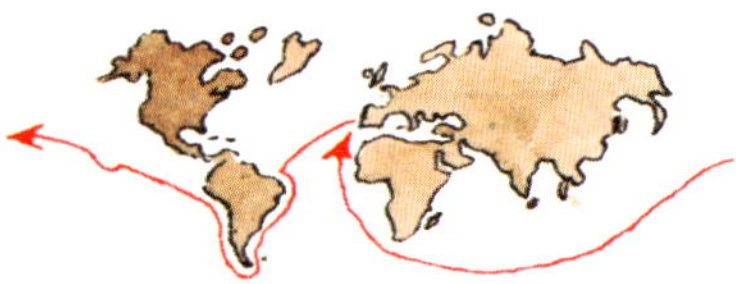

Pendant ce temps, Cortés et les conquistadores «pacifient» l'Amérique Centrale.

1571 : sous la conduite de Venise, les flottes chrétiennes anéantissent la flotte turque. C'est la dernière grande bataille de galères.

1588 : les Anglais mettent en déroute l'*Armada* de Philippe II d'Espagne. C'est le premier grand combat naval entre vaisseaux à voiles.

1598 : édit de Nantes ; les huguenots cessent d'être persécutés en France, ce qui ralentit un peu leurs départs pour le Nouveau Monde.

En **1608,** les Provinces-Unies de Hollande conquièrent leur indépendance contre l'Espagne. La même année, le Français Champlain fonde Québec (Canada).

1620 : les premiers puritains s'installent en Nouvelle-Angleterre (*Mayflower*). **1626 :** fondation de la Nouvelle-Amsterdam qui deviendra New York en 1664.

1650-1697, âge d'or de la flibuste à l'île de la Tortue. En **1688,** meurt Morgan, «l'amiral des flibustiers». La même année, les Anglais fondent Sydney.

1669 : en France, Louis XIV nomme Colbert Secrétaire d'Etat à La Marine. Pondichéry devient le premier comptoir de la Compagnie française des Indes en **1670**.

1685 : révocation de l'édit de Nantes.
1694 : la France lance ses premiers corsaires dans la guerre de course.
En **1705,** le marin Selkirk est débarqué, seul, dans l'île de Juan Fernandez. Il sera recueilli quatre ans plus tard. De ce fait divers, Defoe tira *Robinson Crusoë* (**1715**).
1715 : Louis XV devient roi de France.

De **1766** à **1779,** voyages d'exploration de Bougainville et Cook dans le Pacifique.
1776 : déclaration d'indépendance des Etats-Unis.

1785-1788 : voyage du Français La Pérouse dans le Pacifique. L'expédition se termine par un naufrage tragique dans les îles Santa-Cruz.

1787 : mutinerie de l'équipage du *Bounty*.

L'Amirauté britannique fit pourchasser les mutins par la frégate *Pandora* et traduire en cour martiale ceux qui furent repris.

En **1789** commence la révolution française. En **1795,** la convention encourage la guerre de course. Robert Surcouf (**1773-1825**) en sera le héros.

1802 : paix d'Amiens. Mais le 16 mai **1803,** l'Angleterre déclare la guerre à la France. **1804 :** Napoléon Ier empereur. **1805 :** bataille de Trafalgar.

1815 : Waterloo ; fin de l'empire de Napoléon. **1816 :** première traversée de la Manche à la vapeur. L'*Elise* remonte ensuite la Seine jusqu'à Paris.

1815 : le traité de Vienne abolit la traite des Noirs. C'est la fin, en droit, du «commerce triangulaire». Pas dans les faits.

1843 : Edgar Poe publie *Le Scarabée d'or* qui raconte les aventures du Capitaine Kidd. Les pirates deviennent des héros de roman.

1848 : la France abolit l'esclavage. **1851 :** la goélette *America* remporte la coupe qui, pendant 132 ans portera son nom.

1856 : abolition de la guerre de course et des lettres de marque. Les corsaires deviennent des pirates au regard des lois internationales.

1857 : lancement par les Anglais du plus grand navire jamais construit, le *Great Eastern*, que la vapeur propulsera à 14,5 nœuds.

1861 : Herman Melville publie son roman *Moby Dick*.

1866 : Victor Hugo publie *Les Travailleurs de la mer* ; sans doute le plus grand roman maritime de tous les temps.

1870 : *20000 lieues sous les mers* (Jules Verne).

1882 : Stevenson publie *l'île au trésor* ; le Capitaine Flint devient le deuxième grand pirate de la littérature.

1892 : construction du *Fram*, en bois, sur les plans de l'architecte Colin Archer. C'est avec ce bateau que Nansen mènera toutes ses explorations polaires.

1903-1910 : Charcot explore l'Antarctique à bord du *Pourquoi pas ?* L'Américain Peary atteint le pôle Nord le 6 avril **1909.**

En **1911,** le Norvégien Amundsen atteint le pôle Sud un peu plus d'un mois avant l'Anglais Scott.

En **1914,** l'*Endurance* de Shackelton est prise par les glaces dans la mer de Weddell. Elle sera abandonnée par son équipage et broyée dix mois plus tard.

1948 : construction de *Trieste* le bathyscaphe d'Auguste Piccard.

1950 : Cousteau lance son navire d'exploration, La *Calypso*, et achève la mise au point du scaphandre autonome qu'il a inventé avec Emile Gagnan.

1952 : lancement du *Nautilus*, premier sous-marin à propulsion nucléaire (U.S. Navy).

1983 : *Australia II*, barré par John Bertrand bat *Liberty* barré par Dennis Conner et met fin à 132 ans de suprématie américaine en matière de Yachting.

Marins

Malheur à qui relâche pour écouter leurs chants : car, de leurs fraîches voix, les Sirènes le charment et leur rivage est blanchi d'ossements et de débris humains. Passe sans t'arrêter, Ulysse !
Prends de la cire et de tes compagnons bouche les deux oreilles. Toi seul écoute, si tu veux. Mais pieds et mains liés, debout sur l'emplanture, fais-toi fixer au mât et si tu les priais de desserrer les nœuds, que tes gens aussitôt donnent un tour de plus.
Ainsi parla Circé.

Odyssée, Chant XII

Après la Guerre de Troie, Ulysse entreprend de rejoindre son île. Hélas, certains dieux ne l'entendent pas ainsi et l'obligent à affronter toutes les embûches d'une Méditerranée de légende. Comme lors de cet épisode où, averti du danger par la magicienne Circé, le héros échappe aux Sirènes. Celles-ci n'étaient pas les femmes-poissons auxquelles on pense toujours, mais des oiseaux à tête de femme : sur cette illustration, l'une d'entre elles, au désespoir d'avoir laissé échapper sa proie, se jette à la mer.

Sinbad le marin est le héros des peuples arabes au Moyen Age. Ses sept

légendaires

voyages sont racontés par Sheherazade dans les *Contes des mille et une nuits*. Ses aventures ressemblent à celles d'Ulysse : tempêtes, naufrages, combat contre le géant mangeur d'hommes, le serpent monstrueux et toutes sortes de créatures abominables.

Malgré leur fantaisie, ces récits fabuleux renvoient presque toujours à l'histoire ou à la géographie réelle. Chaque épisode de l'*Odyssée* peut être plus ou moins précisément localisé en Méditerranée. Ainsi ces trois îles au sud du golfe de Naples que les anciens nommaient « Sirénuses » et, non loin de là, cette grotte marine pleine d'ossements fossilisés...

L'oiseau-roc est un volatile gigantesque « aux pattes si grosses que des troncs d'arbres.» Il enlève Sinbad dans les airs « si haut qu'on ne voit plus la terre. »

Égyptiens et Phéniciens

Les Egyptiens n'étaient pas les bons navigateurs qu'on imagine. Ils furent surtout de précoces et excellents constructeurs d'embarcations de transport d'abord faites pour le Nil. Par la suite, il s'en servirent pour des navigations maritimes côtières, comme celle qu'organisa la reine Hatshepsout vers le pays de Pount (sans doute la Somalie) pour le commerce de la myrrhe et de l'encens. Ils furent enfin armateurs de grandes expéditions d'exploration, auxquelles ils ne participaient pas eux-mêmes, ainsi qu'en témoigne ce récit de l'historien grec Hérodote :

Ce qu'on sait de l'Afrique prouve qu'elle est toute entourée par la mer, sauf là où elle touche à l'Asie. Le pharaon Nechao en a fait la démonstration en lançant sur la Mer Rouge des vaisseaux confiés à des Phéniciens et en leur ordonnant de revenir en Méditerranée par les Colonnes d'Hêraklês (détroit de Gibraltar). Ce qu'ils firent trois ans durant. Au retour, ils racontèrent que tout le temps qu'ils étaient dans la Mer Australe (océan Indien et Atlantique sud), ils avaient vu le soleil passer à main droite au moment de midi...

Autrement dit, ils avaient vu le soleil culminer au nord parce qu'ils étaient passés dans l'hémisphère sud. Hérodote ajoute qu'il ne croit pas un mot de cette histoire !

Thor Heyerdahl a reconstitué ce bateau en papyrus et l'a baptisé *Râ,* du nom du dieu-soleil égyptien.

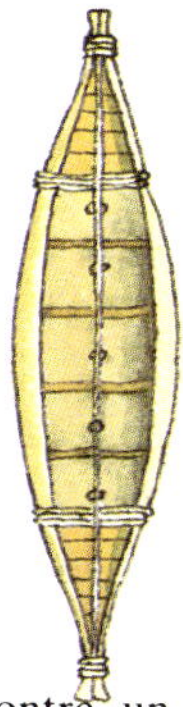

Ci-contre, un vaisseau de l'expédition de Pount (vers 1500 av. J.C.). Environ 28 m de long ; la corde tendue sur des fourches le long de la ligne médiane empêche les extrémités de la coque (non supportées par l'eau) de s'affaisser.

Le voyage de Pythéas

Il était un roi de Thulé
A qui son amante fidèle
Légua, comme souvenir d'elle,
Une coupe d'or ciselé.

G. de Nerval

La mer. Il faut essayer de l'imaginer, de la voir avec le regard d'un homme de jadis : comme une barrière étendue jusqu'à l'horizon, comme une immensité obsédante, omniprésente, merveilleuse, énigmatique...
A elle seule, elle était jadis un univers, une planète.

Fernand Braudel

Il fallait être ou très savant ou très hardi pour s'aventurer au-delà du monde connu, à l'époque ; c'est-à-dire : au-delà des limites de la Méditerranée, en ce IVe siècle avant Jésus-Christ.

Encore faut-il préciser que même sur la mer familière, on ne pratiquait que la navigation à vue, cherchant le soir une plage où aborder et tirer au sec le navire. Les traversées étaient rares et se faisaient selon des itinéraires bien définis et dictés par les vents dominants contre lesquels on ne pouvait aller. Il fallait donc ou du courage ou de la science...

Pythéas avait sans doute des deux. C'était un astronome grec établi dans la colonie phocéenne (Marseille). Le commerce de la cité devenait florissant et il s'y trouva quelques commanditaires prêts à payer l'armement d'un bateau et les frais d'une expédition au delà des Colonnes d'Hêraklês (détroit de Gibraltar) d'où l'on savait que les Phéniciens de Carthage commençaient à rapporter des matières aussi indispensables que l'étain (allié au cuivre, donne le bronze en quoi toutes les armes étaient faites). Pythéas se rendit d'abord à Gades (Cadix), juste de l'autre côté des fameuses colonnes et y acheva ses préparatifs. Puis il cingla vers le Nord, longeant ce qui plus tard serait le Portugal, l'Espagne et la France. Il aborda en Cornouailles anglaises, s'engagea dans la Manche et, navigant le long des côtes est de l'Angleterre, atteignit l'Ecosse.

Tu voudrais jeter des ponts de soleil entre des pays que séparent les océans et les climats…

Jules Supervielle

Enfin, « à six jours de navigation de là », il découvrit une terre qu'il nomma Thulé « où le jour ne se couche pas l'été » et qui pourrait être une île Shetland, l'une des Orcades, l'Islande ou le nord de la Norvège. Son récit et ses observations furent publiés, mais se sont perdus. Curieusement, ce qu'on en sait nous vient d'historiens du temps qui n'en crurent pas un mot et ne le citèrent que pour mieux s'en moquer. Ils ont eu tort, car ce grand astronome savait calculer la latitude d'après la hauteur du soleil au-dessus de l'horizon et toutes les distances qu'il indiqua sont plausibles.

Le bateau de Pythéas devait ressembler à celui-ci : deux avirons pour gouverner ; des voiles carrées pour profiter des vents portants ; et une rangée de rames de chaque bord pour se déhaler par calme plat, remonter les rivières et manœuvrer dans les abris.

Les premières formes des navires sont conçues pour servir à la fois au transport et à la guerre. Puis le bâtiment de guerre se différencie du navire de commerce ; les navires sont désormais construits pour affronter des distances plus longues, mais tout en demeurant divers dans leurs formes ou dans leurs dimensions selon les différents horizons d'où ils proviennent, ils se divisent en deux grands groupes : les bateaux longs et larges servent au transport ; les bateaux étroits, plus rapides et munis d'un éperon offensif, sont destinés au combat.

Fernand Braudel

La première bataille navale eut lieu en 480 avant J.-C. devant Athènes, près de l'île de Salamine. Face aux trières de Thémistocle, la flotte du roi de Perse, Xerxès. Les Grecs, tirant parti des vents locaux, défirent celui qui avait voulu les assujettir. Le poète Eschyle fit de ce sanglant épisode le sujet de sa tragédie, *Les Perses*. Voici comment le Messager y annonce le désastre à la cour du vaincu :

La première attaque partit d'un vaisseau grec, qui fracassa toute l'armature de la proue d'un bâtiment phénicien, puis chacun mit le cap sur un adversaire. Or tout d'abord le torrent de la flotte perse tint bon ; mais comme la multitude de nos vaisseaux était entassée dans un espace étroit, qu'ils ne pouvaient se porter mutuellement secours et qu'ils tossaient les uns contre les autres avec leurs éperons d'airain, ils faisaient voler en éclats toutes leurs rangées de rames. Alors les grecs se glissant adroitement autour d'eux les frappèrent ; les coques se renversèrent, et la mer disparut sous un amas d'épaves et de cadavres sanglants ; les rochers du rivage regor-

Les Marines de l'Antiquité

geaient de morts, et toute la flotte des barbares s'enfuit en désordre à force de ce qui lui restait de rames, tandis que les Grecs les achevaient comme des thons pris au filet et leur cassaient les reins avec des morceaux de rames ou des fragments d'épaves.

Ci-dessous, abordage à l'époque romaine. La perspective est déformée, les proportions ne sont pas respectées, mais on voit que le navire de gauche s'apprête à lancer le corbeau, sorte de pont-levis équipé de grappins qui va permettre aux fantassins d'aller porter le corps à corps sur le navire adverse (à droite).

Les Vikings

A furore Normannorum libera nos, domine ! (Délivrez-nous. Seigneur, de la fureur des Hommes du Nord !) était la prière dite dans les églises d'Angleterre lorsque menaçait un raid Viking. En effet, au IXe et Xe siècles, toute l'Europe chrétienne eut à subir ces sanglantes expéditions. Venus par flottes entières de longs vaisseaux aux étraves courbes ornées de têtes de dragon sculptées, les guerriers-marchands vikings écumèrent alors les rives d'Angleterre, d'Ecosse et d'Irlande, de France et d'Italie, sillonnèrent les fleuves de la Russie (qui leur doit son nom : les Vikings de Suède s'appelaient eux-mêmes *Rus*), envahirent l'Islande déserte, s'implantèrent au Groenland et firent irruption sur les rivages d'Amérique du Nord.

S'érigeant partout en maîtres, ils surent implanter des colonies durables dont la Normandie est, chez nous, la plus connue. Leur navire de guerre – le *drakkar* – à tête de dragon, était taillé pour la vitesse : coque de 20 m, en chêne ou en pin, élancée, pointue aux deux bouts, bordée à clins (les lattes se recouvrent comme les tuiles d'un toit), une quinzaine de paires d'avirons, mât amovible, voile carrée et une rame-gouvernail à l'arrière, latéralement. Plus lourds, plus ronds, plus creux, avec davantage de franc-bord, les *knarrs* (ci-dessus) servaient au transport. Toutes ces embarcations remontaient bien au vent, ce qui explique l'extension vers l'Ouest du peuplement viking, contre les vents dominants.

Carte viking de Skölholt. Condamné au bannissement, Eric le Rouge quitte l'Islande et aborde au Groenland en 983. D'abord prospère, la colonie dépérira jusqu'à l'extinction au XVe siècle.

Christophe Colomb

Parti le 3 août 1492 de Palos, au nord de Cadix, Christophe Colomb mène ses trois caravelles, *La Nina*, *La Pinta* et *La Santa Maria* jusqu'à l'île de San Salvador, à l'est des Bahamas, où il aborde le 12 octobre.

Vos Altesses,... pensèrent m'envoyer, moi, Cristobal Colon, aux contrées de l'Inde pour y voir les princes, et les peuples et les terres, et leur situation, et toute chose ainsi que la manière dont on pourrait user pour convertir ces peuples à notre Sainte Foi.

Elles m'ordonnèrent de ne pas aller par voie de terre à l'Orient – par où l'on a coutume de le faire – mais par le chemin d'Occident, par lequel nous ne savons pas de foi certaine, que jusqu'à ce jour personne soit passé.

Ainsi Colomb résume-t-il son « ordre de mission » au début de son journal de bord.

Ô mer promesse de toujours
et Celle qui passe toute promesse,…
Saint-John Perse

Un continent à peine effleuré par l'homme s'offrait à des hommes dont l'avidité ne pouvait plus se contenter du leur… Jamais l'humanité n'avait connu aussi déchirante épreuve, et jamais plus elle n'en connaîtra de pareille, à moins qu'un jour, à des milliers de kilomètres du nôtre, un autre globe ne se révèle habité par des êtres pensants. Encore savons-nous que ces distances sont théoriquement franchissables, tandis que les premiers navigateurs craignaient d'affronter le néant.

Claude Lévi-Strauss

Au cours de son premier voyage, Colomb explore la côte nord de Cuba et Haïti, qu'il nomme Hispaniola. Il fera 4 autres voyages, entre 1493 et 1502, pendant lesquels il reconnaîtra la Dominique, la Guadeloupe, la Jamaïque, Trinidad, les côtes du Venezuela, du Honduras, du Nicaragua et de Panama.

Magellan

Magellan

La Terre est ronde. On le savait depuis l'Antiquité. On le savait sans l'avoir éprouvé puisque personne n'en avait encore fait le tour complet. Partir par l'ouest, revenir par l'est, c'était l'idée de Colomb, mais il avait trouvé l'Amérique sur sa route.

On savait aussi qu'un océan s'étendait à l'ouest de l'Amérique Centrale. Balboa l'avait découvert en 1513.

C'est Magellan qui allait trouver le moyen de « passer de l'autre côté ».

Ce passage – détroit qui porte aujourd'hui son nom – il le trouva au prix d'énormes difficultés, au milieu de terres inhospitalières, sauvages et ravagées par des tempêtes, aussi violentes qu'imprévisibles.

Imaginez sa joie lorsqu'après cette terrible porte il trouva enfin l'océan inconnu... et parfaitement calme. Il le nomma Pacifique. C'était le 21 octobre 1520. Ayant remonté les côtes du Chili jusqu'au 30e parallèle, il pointa l'étrave vers le large, l'ouest, sans avoir renouvelé ses provisions. Grave erreur : 13 000 milles, trois mois et demi sans toucher terre, sans vivres et sans eau. Ce fut l'enfer : un des voyages les plus longs de l'époque et des plus éprouvants.

Le vaisseau disparaît
à l'autre bout du monde
Le ciel est pur
l'heure est comble
Et les amis font silence
Unis dans quiète nostalgie.

André Pieyre de Mandiargues

La *Victoria*

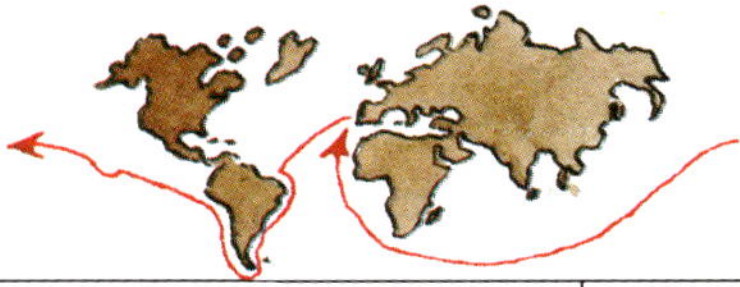

Il toucha l'île de Guam (on le suppose), atteignit les Philippines le 9 mars 1521 et convertit au catholicisme bon nombre d'îles. Une seule résista : Mactan. Magellan y mourut en protégeant la retraite de ses hommes. Les autres chefs espagnols furent massacrés peu de temps après par les convertis de fraîche date et les matelots survivants durent repartir tant bien que mal avec deux bateaux.

Enfin, lorsqu'il plut à Dieu, le samedi 6 septembre de l'an de grâce 1522, nous entrâmes dans la baie de Lucar… Le 8, nous mouillâmes près du môle de Séville et commençâmes de décharger l'artillerie.

Par ces mots, Pigafetta clôt le livre de bord de la *Victoria*, seule des cinq caraques de l'expédition à revenir au port et premier navire à avoir jamais accompli le tour du monde.

A voir la taille des hommes sur cet «éclaté», on se rend compte que la *Victoria* était un bien petit bateau.

Comme un vol de gerfauts hors du charnier natal,
Fatigués de porter leurs misères hautaines,
De Palos, de Moguer, routiers et capitaines,
Partaient, ivres d'un rêve héroïque et brutal.

Ils allaient conquérir le fabuleux métal
Que Cipango mûrit dans ses mines lointaines,
Et les vents alizés inclinaient leurs antennes
Aux bords mystérieux du monde Occidental.

Chaque soir, espérant des lendemains épiques,
L'azur phosphorescent de la mer des Tropiques
Enchantait leur sommeil d'un mirage doré ;

Ou penchés à l'avant des blanches caravelles,
Ils regardaient monter en un ciel ignoré
Du fond de l'Océan des étoiles nouvelles.

José-Maria de Heredia

Les conquistadores

Voici Hernán Cortés recevant la capitulation du dernier empereur aztèque, gendre du grand Montezuma.

Ne pas se fier à son air paisible ! C'était un chef de guerre impitoyable : le vaincu fut allongé sur un lit de braises et puis pendu jusqu'à ce que mort s'ensuivît !

Les hommes qui, sur la plage voisine, construisent un vaisseau sont d'autres conquistadores dont le commandant avait fait détruire les vaisseaux pour qu'ils ne pussent déserter. Ce fut, en quelque sorte, le premier chantier naval des Amériques !

En 22 ans, de la découverte de la côte du Pacifique par Balboa (1513) au triomphe de Pizarro au Pérou (1535), les Espagnols se sont taillés un empire aux Amériques, « pour Dieu et pour le Roi », mais au prix des larmes et du sang…

Dans cette Hispaniola où les indigènes, au nombre de cent mille environ en 1492, n'étaient plus que deux cents un siècle après, mourant d'horreur et de dégoût pour la civilisation européenne plus encore que sous la variole et les coups, les colonisateurs envoyaient commission sur commission afin de déterminer leur nature…

Claude Lévi-Strauss

Baptême des premiers Aztèques qui «collaborent» avec Cortés.

Les Aztèques reprennent le palais où Cortés retenait Montezuma, le chef.

Combat des Espagnols et des Aztèques sur la lagune autour de Mexico. Ces illustrations sont reproduites d'après des miniatures aztèques.

L'invincible Armada

Francis Drake

Au sommet de sa puissance, l'Espagne décide d'envahir l'Angleterre sous prétexte d'y rétablir la religion catholique. Elle arme 130 navires montés par 8 000 soldats pour porter le sabre et la croix au royaume d'Elisabeth Ire.

L'Armada, baptisée «bienheureuse» ou «invincible» par les Espagnols eux-mêmes, quitta Lisbonne en grande pompe, le 28 mai 1588. Elle arriva à l'entrée de la Manche le 19 juillet et remonta vers Calais constamment harce-

Tout s'embrase : voyez ! l'eau de cendre est semée,
Le vent aux mâts en flamme arrache la fumée,
Le feu sur les tillacs s'abat en ponts mouvants.

Victor Hugo

lée par des navires anglais moins nombreux, moins puissants, mais plus maniables.

Alors qu'elle se trouve au mouillage devant Calais, le vent se lève du sud-ouest et Drake qui est à un demi-mille au vent fait allumer des brûlots (des bateaux sacrifiés, remplis de matières inflammables) qui, en dérivant, vont y semer la panique. «J'ai roussi la barbe du roi d'Espagne», pourra dire El Draque (le dragon).

«J'avais envoyé ma flotte pour combattre les Anglais, pas les éléments», fut l'excuse de Philippe II lorsqu'il sut que 63 navires avaient pu regagner l'Espagne. Les autres, poussés par le mauvais temps, avaient achevé de se perdre tout autour de l'Angleterre et jusqu'en Irlande.

Les pionniers

Sur la mer aux flots
toujours féeriques
Partez en bateau,
même en radeau
On y trouve encor
des Amériques,
On y trouve encor
l'Eldorado.

Jean Richepin

La baie de New York fut découverte par l'Italien Giovanni da Verrazzano en 1524, mais il fallut près d'un siècle (1614) pour qu'une colonie hollandaise s'établît sur l'île de Manhattan dans l'idée de commercer avec les Indiens.

En 1623, la compagnie des Indes hollandaises la racheta pour l'équivalent de 25 dollars. L'endroit fut baptisé Nouvelle Amsterdam.

En 1644, une flotte britannique proposa aux notables locaux de les soulager du despotisme du gouverneur Peter Stuyvesant qui se rendit le 8 septembre. La ville fut alors rebaptisée New York.

Le *Mayflower* est mouillé.
Les premiers Pères Pèlerins débarquent.

Le 6 septembre 1620, un petit galion anglais, le *Mayflower*, quittait l'Europe pour les Amériques, une centaine de personnes à son bord. Parmi celles-ci, trente-cinq fuyaient l'Angleterre où ils étaient en butte à des persécutions religieuses : c'étaient des puritains séparés de l'église officielle d'Angleterre. Le *Mayflower* fit une traversée qui dura deux mois et demi et aborda les côtes américaines 700 kilomètres au nord de la destination prévue ! Les Pères Pèlerins, comme s'appelaient eux-mêmes ces puritains voyageurs, fondèrent alors la colonie de New Plymouth, et rédigèrent le *Mayflower Compact*, qui fut la première constitution américaine : les Pères Pèlerins furent donc les fondateurs de ce qui allait devenir les Etats-Unis d'Amérique !

L'illustration ci-dessus reproduit une vue de Boston à l'époque.

En 1957, une réplique du *Mayflower*, commandée par le capitaine Alan Villiers, refit le voyage entrepris par les Pères Pèlerins 337 ans plus tôt.

Les galions

La côte n'est qu'à trois milles, mais pas question de se sauver à la nage : les requins veillent et les courants portent au large. Il faut survivre, recueillir de l'eau de pluie quand elle ruisselle sur la voile, récupérer de quoi manger sur l'épave.

Le navire sombré
s'abîmait. Le naufrage
Engloutissait le mât
de voiles dépouillé.
Les vagues emportaient
dans l'ombre
l'équipage
Dispersé sur les flots
comme un livre
effeuillé.

Victor Hugo

Galion espagnol du XVIIIe siècle.

Au XVIe siècle, après la découverte du Nouveau Monde, se constituent d'énormes flottes transatlantiques destinées à rapporter en Europe les richesses pillées dans les colonies d'Amérique. Les galions étaient de puissants et lourds voiliers à trois ou quatre mâts, hauts sur l'eau et solidement armés.

La Flota espagnole, quittant les ports de la côte caraïbe, afin de trouver les vents portant vers l'Europe, devait traverser des eaux dangereuses où les naufrages étaient fréquents. De plus, au passage des Bahamas, les galions étaient guettés par les flibustiers. C'est ainsi qu'une part importante de l'or des civilisations précolombiennes gît au fond de ces eaux où, aujourd'hui encore, s'activent les chercheurs de trésors engloutis.

En 1724, le *Conde de Tolosa* quitta Cadix, chargé de plus de 200 tonnes de mercure, métal liquide indispensable à l'extraction de l'argent dans les mines du Nouveau Monde. Le 24 août, un cyclone le précipita sur les bancs de corail qui débordent Hispaniola (Saint-Domingue). La coque démantelée finit par se poser sur le fond, grand mât encore debout et dépassant de plusieurs mètres le niveau de la pleine mer. Huit survivants (sur 650) réussirent à s'y hisser. Sept furent récupérés vivants 32 jours plus tard.

Corsaires et pirates

1773 1827
Robert Surcouf
et ses pistolets.

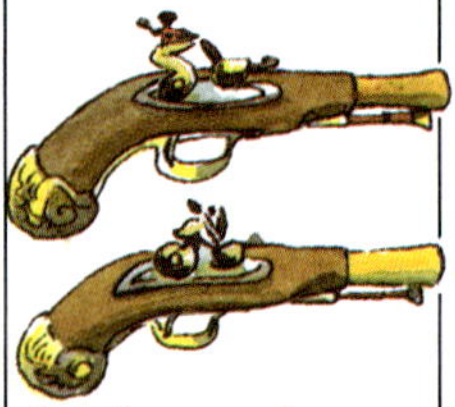

Le trente et un du mois d'août,
Nous vîmes venir sous l'vent à nous,
Une frégate d'Angleterre
Qui fendait la mer et les flots ;
C'était pour aller à Glasgow.

Refrain

Buvons un coup, buvons en deux,
A la santé des amoureux,
A la santé du roi de France
Et M… pour le roi d'Angleterre
Qui nous a déclaré la guerre. (…)

«Vire Lof pour lof ! en abattant !»
Nous l'accostâmes par son avant ;
A coups de haches d'abordage,
A coups de piques et de mousquetons,
Nous l'avons mise à la raison.

Le plus grand corsaire malouin fit souffrir les Anglais pendant quinze ans. En 1801, dans le golfe du Bengale, avec *La Confiance*, il s'empare du *Kent*, un navire de 1 200 tonneaux appartenant à la compagnie anglaise des Indes.

Corsaires, pirates, flibustiers... Comment s'y reconnaître ? Commençons par les pires, les pirates. Ils ont toujours existé, et partout. Rien d'autre que les bandits des grands chemins de la mer, sans foi ni loi, ni honneur, ni cause à défendre que leur cupidité, voilà ce qu'ils sont. Frissonnez donc à voir les noirs pavillons des plus terribles d'entre eux...

Flibustiers et corsaires faisaient aussi de la piraterie, mais... en toute légalité, munis d'une *lettre de marque* que leur avait délivrée leur souverain, ils devenaient capitaines à son service, chargés de s'emparer des navires marchands de l'ennemi. Ils étaient rétribués au pourcentage sur les prises effectuées, d'où leur empressement !

Pavillon de Barbe Noire

Christopher Condent

Calico Jack Rackam

Bartolome Roberts

Un Martiniquais pour chaque Barbadien

Le Wasa

Hommes comme navires vivent dans un milieu instable, sont sujets à influences subtiles et puissantes et souhaitent voir leurs mérites bien compris plus que leurs fautes mises à jour.

Joseph Conrad

Ci -dessus, le *Wasa* tel qu'il aurait dû naviguer. Ci-contre, le *Wasa*, tel qu'en 1961 on l'a renfloué : toutes ouvertures colmatées, gonflé d'air comme une baudruche et soutenu par de gros câbles passés sous la coque.

Que s'était-il donc passé ? En 1628, à Stockholm, se construit le plus beau des navires du XVIIe siècle. Il va s'appeler *Wasa* du nom de la famille royale de Suède. 70 m de long, 12 m de large, il portera 64 canons de bronze. Des centaines de charpentiers travaillent sans relâche à son chantier depuis deux ans.

Vient enfin le jour du lancement... Mâté, gréé, toutes voiles dehors,

A l'instant le navire appareille ; et d'abord
Les câbles sont tirés, les ancres sont à bord,
La poulie a crié ; la voile suspendue
Ne demande qu'un souffle à la brise attendue...

Sainte-Beuve

sabords ouverts pour bien montrer la gueule de ses canons ; à l'époque, les bateaux étaient mis à l'eau prêts à naviguer. Il passe majestueusement dans la rade, s'apprête à virer pour revenir au quai, lorsqu'une risée lui fait prendre

un coup de gîte. L'eau s'engouffre par les sabords. La bande s'accentue et, en trois minutes, l'orgueil de la Marine suédoise coule par 35 m de fond.

La mer va le conserver presqu'intact pendant 333 ans ; l'épave renflouée et restaurée constitue une inépuisable source d'enseignements sur l'art nautique du temps.

Incidemment, l'enquête royale révéla une erreur de calcul du poids de lest !

Tout corps plongé dans un liquide subit de la part de celui-ci une poussée orientée de bas en haut et égale au poids du volume de liquide déplacé.

Archimède

Lorsque le bateau continue à gîter, il arrive un moment où le centre de gravité se trouve sur la verticale du centre de carène, mais cette fois confondu avec le métacentre : c'est le point de chavirement statique.

Alain Gliksman

Les galères du Roi

Voici d'abord le banc *du rameur, une étroite planche de 2,30 m de long sur laquelle l'homme a tout juste de quoi poser ses fesses et dont un matelas de vieux chiffons essaie de faire oublier la rudesse. Entre chaque banc se trouvent deux ou trois marchepieds évoquant irrésistiblement les barreaux d'une cage à écureuil : la* banquette, *de même longueur que le banc, sur laquelle le rameur pose ses pieds quand il se lève, puis la* pédague, *et éventuellement la* contre-pédague, *degrés que l'homme gravit pour élever le manche de la rame afin de plonger sa pelle dans l'eau…*

Les dix-huit temps de la vogue :
1. Se lever
2. Ôter le bonnet et le capot (caban)
3. Enlever la chemise
4. S'asseoir sur le banc
5. Mettre le pied sur la pédague
6. Empoigner les rames
7. Plonger les rames dans l'eau, nager en cadence

A la fin de l'exercice :

8. Relever les rames et les fourneler
9. Se lever
10. Saisir la chemise
11. La secouer pour faire tomber les poux
12. Mettre la chemise
13. Saisir le capot
14. En secouer les poux
15. Le revêtir

16-17-18. Faire de même pour le bonnet

C'est ainsi que René Maine décrit l'univers de vie de la chiourme que constitue l'ensemble des forçats qui rament sur une galère.

Jusqu'à la bataille de Lépante en 1571, les galères furent le fer de lance des flottes de combat. Assez lentes (5-6 nœuds) et surtout trop légères pour emporter une artillerie puissante, elles furent petit à petit remplacées par les vaisseaux de haut-bord.
Ci-contre, une galère du type *Réale* construit par les Français jusqu'en 1720 :
longueur 45 m,
largeur 6 m,
déplacement 300 t,
tirant d'eau 3 m,
longueur des avirons 12 m.

Les Négriers

On nous donne un caleçon de toile pour tout vêtement deux fois dans l'année. Quand nous travaillons aux sucreries, et que la meule nous attrappe le doigt, on nous coupe la main; quand nous voulons nous enfuir, on nous coupe la jambe... C'est à ce prix que vous avez du sucre en Europe.

Voltaire
Plainte du nègre de Surinam.

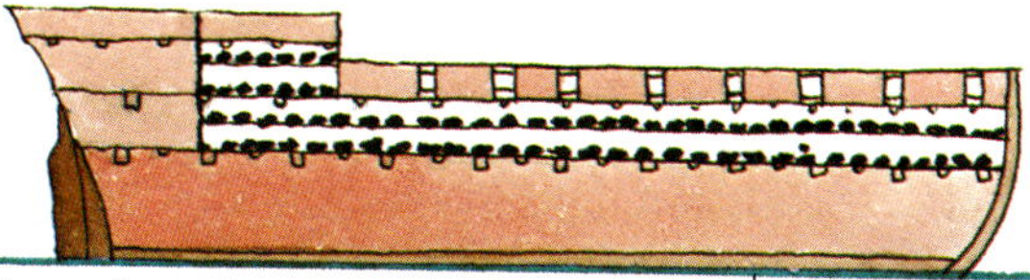

Pour fournir en main-d'œuvre les plantations d'indigo, de coton, de tabac, de canne à sucre des colonies d'Amérique, on entreprit d'exploiter des esclaves noirs achetés aux potentats africains du Golfe de Guinée.

Les armateurs rentabilisaient leurs navires au maximum : ils chargeaient les cales de denrées (vivres, armes, matériel). Ils échangeaient ensuite leur fret contre des esclaves noirs, qu'ils embarquaient à pleines cales, vers les plantations du Brésil et des Antilles. Là, ils troquaient à nouveau leur cargaison et rapportaient vers l'Europe épices, sucre, cacao...

La traite des Noirs fut abolie en 1815 par le traité de Vienne, l'esclavage en 1848 par la France, plus tard par d'autres pays.

2

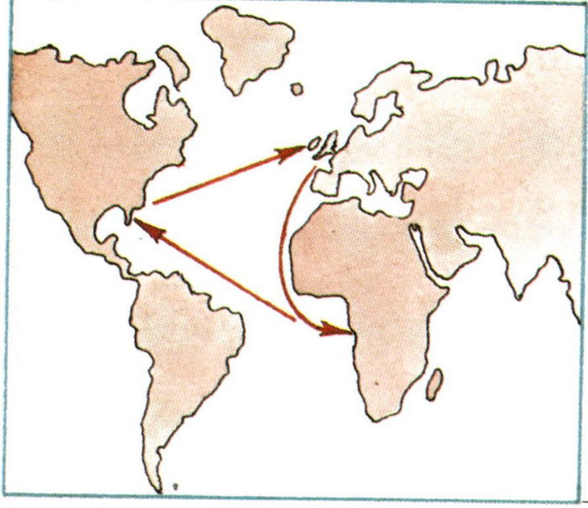

1

1. Comment les nègres étaient entassés dans les navires...

2. Le fameux «triangle noir», triangle de la honte !

XVIIIe siècle
Les marins savants

Cook : *J'ai toujours eu pour principe de punir le moindre méfait commis par mes hommes contre ces nations primitives : qu'ils nous volent ne nous donne pas le droit de leur rendre la pareille.*
Il découvre l'île de Pâques et ses statues monumentales en 1774.

Terra australis incognita... Un continent inconnu dans l'hémisphère sud, voilà ce que sont partis chercher le Français Louis-Antoine de Bougainville et l'Anglais James Cook. Depuis que les géographes avaient établi que la Terre est ronde, ils supposaient l'existence d'un vaste continent aux antipodes, faisant contre-poids à la masse des terres émergées dans l'hémisphère nord. Sans quoi, le globe n'aurait pas manqué de basculer ! Cet énorme territoire devait se trouver précisément là où personne n'avait encore mené d'exploration : en plein cœur de la «mer Pacifique». Le voyage de Bougainville (1766-1769) et surtout les trois expéditions de Cook (1768-1771, 1772-1775, 1776-1780) réduirent à peu de choses cette fable géographique : en dehors de l'Australie et de l'Antarctique, le plus vaste océan de la Terre n'est couvert que d'une poussière de petites îles et d'atolls coralliens, une poly-nésie (en grec ancien, *poly* indique un grand nombre et *nisos* veut dire île).

Les dates sont importantes : tout juste vingt ans avant la Révolution française, l'Europe aristocratique ne s'occupe plus qu'à des discussions phi-

losophiques et scientifiques ; les idées de Jean-Jacques Rousseau sur la bonté naturelle de l'homme incitent à rechercher une contrée dont les peuples, restés à l'écart de la civilisation, seraient uniquement constitués de «bons sauvages».

Or, le 4 avril 1768,

... lorsque le vaisseau de Bougainville approcha de Taïti, un nombre infini d'arbres creusés furent lancés sur les eaux ; en un instant, son bâtiment en fut environné ; de quelque côté qu'il tournât ses regards, il voyait des démonstrations de surprise et de bienveillance. On lui jetait des provisions ; on lui tendait les bras... On avait rempli sa chaloupe ; on criait vers le rivage d'où les cris étaient répondus ; les habitants de l'île accouraient ; les voilà tous à terre : on s'empare des hommes de l'équipage ; on se les partage ; chacun conduit le sien à sa cabane : les hommes les tenaient embrassés par le milieu du corps ; les femmes leur flattaient les joues de leurs mains... (Diderot, *Supplément au Voyage de Bougainville*).

Bougainville croit à ce que dit Rousseau : *Si l'homme est bon par sa nature, comme je crois l'avoir démontré, il s'ensuit qu'il demeure tel tant que rien d'étranger à lui ne l'altère...*

[Ils] trouvèrent dans cette baie une si grande quantité de plantes

Les croquis de Parinson (ami de Cook) et de Commerson (ami de Bougainville) sont d'une grande valeur pour la connaissance de la faune et de la flore tropicales.

On imagine avoir découvert le Paradis terrestre. Bougainville convainc un jeune chef tahitien du nom d'Aotourou de l'accompagner et le ramène jusqu'à Paris. Hélas, Aotourou s'ennuie dans la civilisation. Bougainville met alors un point d'honneur à le rapatrier. Trop tard : le pauvre bougre a si mal supporté le dépaysement qu'il meurt sur le chemin du retour.

Les explorations de Cook furent plus poussées que celles de Bougainville : il sillonna le Pacifique en tous sens au cours de ses trois voyages, découvrit la plupart des îles importantes et fit de nombreuses observations scientifiques.

que je lui donnai le nom de «baie de la Botanique».

James Cook

L'un des buts de sa première campagne était d'observer le passage de la planète Vénus devant le disque du soleil, depuis longtemps prévu pour 1769 par l'astronome Halley : cette observation, qui ne pouvait être faite que dans la région de Tahiti, devait permettre de calculer exactement la distance qui sépare la Terre du Soleil. Au cours de son second périple, il embarqua le premier chronomètre portatif construit par l'Anglais Harrison et s'en servit pour déterminer la longitude des terres reconnues. Tout comme Bougainville, il se fit accompagner par des géographes, des cartographes, des botanistes et des peintres paysagistes qui rapportèrent de splendides vues de côtes (William Hodges). James Cook ne revint pas de son troisième voyage : il fut massacré par des naturels à Hawaï, le 14 février 1779, alors qu'il couvrait la retraite de ses hommes. L'idée du «bon sauvage» allait être remise en cause...

C'est dans ces climats qu'on trouve les métaux riches et les épiceries. Le s. de Bougainville en examinera les terres, les arbres et les principales productions ; il rapportera des échantillons et des dessins de tout ce qu'il jugera pouvoir mériter attention.

Ordre de mission, signé de Louis XV.

Le Bounty

L'Europe s'était partagé le monde. Dans la mise en valeur et l'exploitation des colonies, les marins allaient encore jouer un rôle de premier ordre.

Les conditions de vie à bord étaient bien rudes pour les matelots. La tragédie du *Bounty* en est l'illustration parfaite. Placé en 1787 sous le commandement de William Bligh, qui avait été l'un des officiers de Cook dans le Pacifique, le *Bounty* devait aller chercher à

Tahiti des plants d'arbre à pain que l'on voulait tenter d'acclimater aux Antilles. Le voyage commença mal : mauvais temps ; tentative infructueuse pour passer le Cap Horn d'est en ouest contre les vents dominants ; route deux fois plus longue par le Cap de Bonne-Espérance et l'Océan Indien. A Tahiti, l'équipage découvre le «paradis», et, sur le chemin de retour, se mutine sous la conduite du second Fletcher Christian. Le *Bounty* et ses révoltés finirent par aborder tant bien que mal au rivage inhospitalier de Pitcairn, un ilôt rocheux perdu dans l'immensité du Pacifique. Leurs descendants y vivent encore.

Bligh et la partie de l'équipage qui lui était restée loyale furent abandonnés au large sur une chaloupe et l'obstiné capitaine réussit l'exploit de sauver son monde en lui faisant effectuer une navigation de 3 000 milles sans vivres! Ils abordèrent dans l'île de Timor près de Java.

Les châtiments corporels étaient monnaie courante à bord des vaisseaux de la Navy. Outre le «chat à neuf queues» (fouet) auquel certains ne survivaient pas, le supplice de «la cale» était infligé en cas de faute grave : le condamné, attaché par la tête et par les pieds était halé d'un bord à l'autre sous la quille ; on imagine dans quel état il ressortait : aux trois-quarts noyé et complètement écorché par les coquillages qui poussent inévitablement sur la coque au cours des longues traversées.

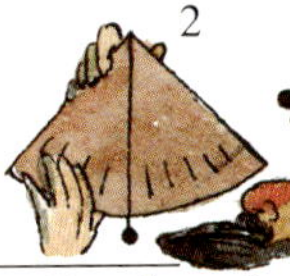

Pendant deux mille ans, l'humanité a cru que le soleil et tous les astres du ciel lui tournaient autour... Mais... tout change, mon jeune ami. Et j'aime à penser que cela a commencé chez les marins. De mémoire d'homme, les bateaux n'avaient fait que ramper le long des côtes. Et puis voilà que d'un seul coup ils se sont éloignés du rivage et se sont élancés sur les mers. Une rumeur a commencé à circuler sur notre vieux continent : des continents, il y en a d'autres, justement ! Et nos bateaux peuvent y aller ! Et depuis qu'ils y vont, on s'en va répétant partout en riant que la mer immense et tant redoutée n'est qu'une pauvre flaque d'eau !

Bertolt Brecht
Vie de Galilée

1. Renard : pour noter la dérive et la distance parcourue selon chaque cap (XVIe).
2. Quadrant simple (XVe).
3. Astrolabe arabe (XVe).
Ces deux instruments servent à mesurer la hauteur des astres par rapport à la verticale.

L'art de la navigation

Comment savoir où l'on se trouve ? Vers où faut-il gouverner pour atteindre sa destination ? Diffficile de répondre lorsque l'on perd de vue la côte. Les Egyptiens et les Phéniciens avaient de bons astronomes : ils savaient, en toute saison et à chaque heure, quel astre viser, plein ouest ou plein est, pour gagner le port qu'ils voulaient rejoindre.

La navigation devient vraiment une affaire sérieuse à partir du XVe siècle, avec l'apparition des cartes marines et de la boussole en Europe. Au XVIIe siècle, le loch permet de connaître la vitesse et la distance parcourue : c'est une corde graduée par des nœuds que l'on laisse filer dans le sillage du navire pendant un temps donné. C'est depuis lors que la vitesse à la mer est exprimée en nœuds (1,852 km/h).

4. Nocturnal : sert à connaître l'heure en mesurant l'angle de rotation de la petite Ourse autour de l'étoile polaire (XVIe).
5. Sablier : pour la mesure du temps.
6-7. Quadrants de Davis (XVIe-XVIIe).
8. Arbalète (XVe-XVIe).
9. Octant (XVIIIe).
Ces quatre instruments servent à mesurer la position d'un astre par rapport à l'horizontale.

9

Trafalgar

C'est une étrange témérité milord, que de prétendre opérer une descente en Angleterre quand on n'est pas maître de la mer ! Mais cette témérité si vous m'y obligez, je la tenterai !

Ces mots sont de Napoléon Bonaparte, à l'adresse de l'ambassadeur d'Angleterre en 1803.

Tout est venu de là. Pendant que la France partait à l'assaut de l'Europe pour en faire son Empire, l'Angleterre renforçait sa flotte de combat. Pour se protéger. Et quand la guerre fut ouverte, elle se joua sur mer.

Le 21 octobre 1805, la flotte anglaise, sous les ordres de l'amiral Nelson, intercepte les flottes alliées, française et espagnole, tout juste sorties de Cadix, devant Trafalgar, quelques dizaines de milles à l'ouest de Gibraltar.

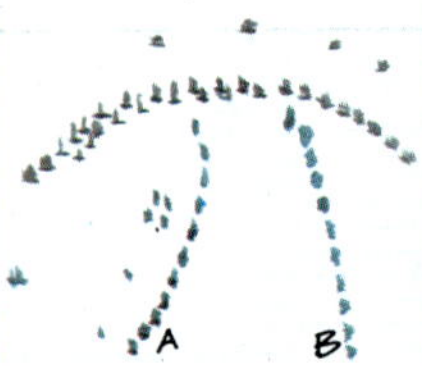

Le « génie » de Nelson : faire foncer 2 colonnes (A et B) sur la ligne ennemie, la couper et réduire chaque tronçon.

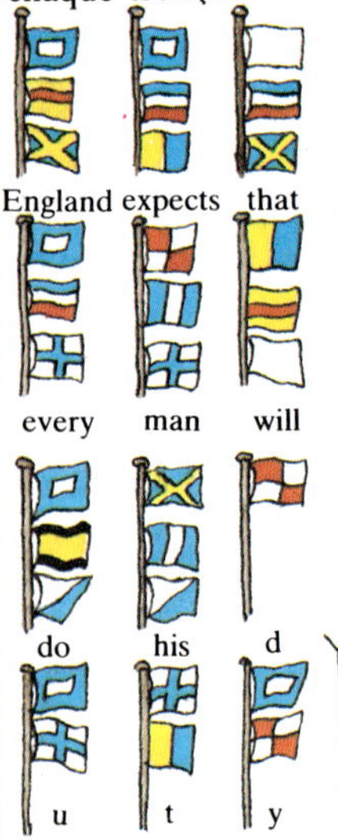

dernier message de Nelson (l'Angleterre compte – que – chaque – homme – va – faire – son d – e – v – oir).

Les Anglais remportent une écrasante victoire – à peine quelques vaisseaux endommagés, alors qu'ils prennent ou coulent la moitié de la flotte alliée – mais au prix de la vie de leur génial amiral, fauché en plein combat par une balle française.
Cette terrible bataille fit 4 800 morts et 3 700 blessés. Le vaincu, Villeneuve se suicida à son retour en France.

Les  clippers

Le 30 mai 1866, *Taeping, Ariel,* et *Serica,* trois clippers anglais quittèrent l'embouchure du fleuve Min, près de Fou-Tchéou en Chine, chargés de thé pour une véritable régate jusqu'en Angleterre. *Taeping* toucha le port de Londres le 6 septembre à 21 h 45 ; *Ariel* arriva une demi-heure plus tard et *Serica* prit ses amarres à 23 h 45. 16 000 milles et …

Au début de ce siècle, la concurrence devint telle que les armateurs firent l'impossible pour que leurs marchandises fussent les premières rendues sur les marchés. Il en résulta une génération de bateaux de transport rapide que l'on appela *clippers* (de l'anglais *to clip along :* aller au plus vite, au plus court). Ce fut aussi la dernière génération de la voile.

C'était un beau trois-mâts, à la haute
mâture,
A l'air hardi, altier,
Un avant élancé, bien assis, en tonture,
Un noble et fin voilier, (…)

Ses cacatois en croix narguaient le noir
nuage
Et le temps menaçant ;
Il semblait frissonner pour laisser le
mouillage
Et vaincre l'ouragan.

C'est là qu'il était beau sous la brise
animée,
Toutes ses voiles hors,
Chez lui, sur l'Océan, des mois et des
années,
Qu'il était fier alors. (…)

Quand on nous signalait à l'avant une
Voile,
Il avait vite fait
De courir sus à elle, et, sans forcer de
toile,
Bientôt la dépassait. (…)

Capitaine Montaudry

… trois mois de course pour deux heures d'avance au premier.

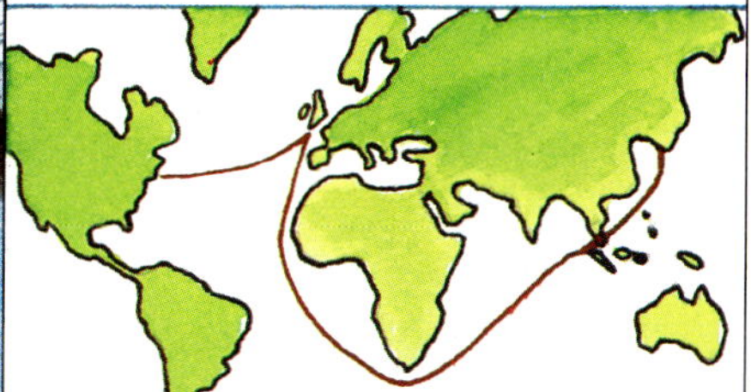

Ci-contre, la route du thé. Mais les long-courriers chargeaient aussi de la laine (Australie), du nitrate (Chili), du charbon (Europe), du blé (Orégon), du nickel (Nouvelle-Calédonie) et la plupart des routes passaient par le terrible cap Horn.

La conquête des pôles

Le Hollandais Willem Barents (1550-1597) fut un précurseur. Cherchant un passage vers les Indes par le Nord, il découvrit la Nouvelle Zemble, au nord de la Russie. Il donna son nom à la mer qui sépare cette île du Spitzberg et mourut de froid sur place.

Au début du XXe siècle, deux grandes inconnues demeurent sur la mappemonde : les pôles. Des explorateurs tentent alors d'atteindre ces « sommets » du monde.

L'Américain Peary atteint le premier, en 1909, le pôle Nord. En 1911, le Norvégien Roald Amundsen gagne le pôle Sud, vingt-sept jours avant l'Anglais Scott, qui mourra d'épuisement.

Le *Pourquoi-Pas ?* du commandant Charcot explore l'Antarctique entre 1903 et 1910 mais disparaît, corps et biens, en 1936, entre le Groenland et l'Islande. Le navire de l'Irlandais Shackelton, l'*Endurance,* est broyé par les glaces de la mer de Weddell, en 1914.

Le *Fram* de Nansen, hivernant dans les glaces.

De grandes étoiles de givre
viennent avec le poisson d'ombre
qui ouvre le chemin de l'aube.
Federico Garcia Lorca

De cette époque, seul le *Fram,* navire polaire du Norvégien Nansen, réalisé en 1892, existe encore. La Norvège le sauva de justesse. Elle l'abrite aujourd'hui à Oslo, dans un musée construit à cet effet.

Shackelton et son bateau l'*Endurance.*

Il rapportait en son cœur
un poisson
des Mers de Chine.

Parfois on le voit passer
minuscule
dans ses yeux.

Il oublie la marine
et les bars
et les orages.

Il regarde l'eau

Federico Garcia Lorca

Boutres arabes et jonques chinoises

Les Chinois furent les premiers utilisateurs de l'aiguille aimantée (devenue boussole, puis compas). Observez la page ci-contre et vous comprendrez pourquoi. Leurs jonques surprirent beaucoup les premiers Occidentaux qui les découvrirent : les unes très lourdes, portant deux ou trois mâts, naviguaient exclusivement vent arrière, au rythme de la mousson, dans l'Océan Indien ; les autres, à dérive mobile et véritable gouvernail d'étambot, étaient maniables et rapides. Tous ces bateaux portaient des voiles complètement lattées, facilitant la réduction de la surface exposée au vent.

Quant au boutre arabe (ci-dessous), il fut l'excellent navire du commerce en Mer Rouge, puis vers l'Inde à l'est et toute la côte africaine au sud.

Les lourds vaisseaux d'Europe, qui sillonnèrent les 7 mers, à partir du XVe siècle, découvrirent que d'autres civilisations avaient su développer un brillant art nautique.

De la voile...

1. *L'archiduc Ludovic* fut le premier vapeur de la *Lloyd Triestino* sur les lignes du Proche-Orient (1837).

Roue à aubes

Hélice d'Archimède

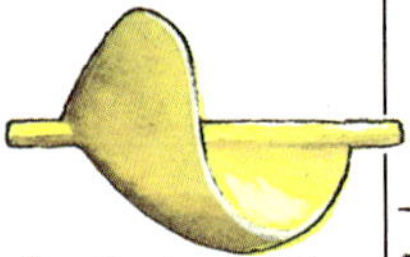

2. Le *Castor* fut l'un des premiers bateaux à vapeur français (1830).

3. *Willapa*. Goélette finlandaise motorisée, spécialisée dans le transport du bois.

4. Le *Rattler* montra la supériorité de l'hélice sur la roue à aubes en traînant sa jumelle *Alecto* au cours d'une «tug-o-war» (lutte de remorqueurs) en 1845.

1

2

3

4

...à la vapeur

5. Le vapeur américain *Thomas Anderson*.

Ci-dessous, *Normandie* (1937) fut le premier paquebot à propulsion électrique : ses chaufferies faisaient tourner une centrale dont le courant alimentait quatre moteurs électriques.

Il obtint le *ruban bleu de l'Atlantique* pour une traversée à plus de 30 nœuds.

Hélice tripale

Le *Queen Elisabeth II* ci-dessous, fut le dernier grand paquebot en service régulier sur l'Atlantique nord.

Savannah, ci-dessous, fut le premier navire marchand à propulsion nucléaire. Vitesse : 20, 5 nœuds. Autonomie : 336 000 milles.

Aéroglisseur à coussin d'air (Hovercraft).

Les paquebots

Je voudrais aujourd'hui qu'il m'ait été donné, voici vingt ans, d'apprécier à sa juste valeur le luxe inouï, le royal privilège qui consiste dans l'occupation exclusive, par les huit ou dix passagers du pont, des cabines, du fumoir et de la salle à manger des premières, sur un bateau conçu pour accommoder cent ou cent cinquante personnes. En mer pendant dix-neuf jours, cet espace rendu presque sans borne par l'absence d'autrui nous était une province ; notre apanage se mouvait avec nous. Après deux ou trois traversées, nous retrouvions nos bateaux, nos habitudes ; et nous connaissions par leur nom, avant même de monter à bord, tous ces excellents stewards marseillais, moustachus et chaussés de fortes semelles, qui exhalaient une puissante odeur d'ail au même moment qu'ils déposaient dans nos assiettes les suprêmes de poularde et les filets de turbot. Les repas, déjà prévus pour être pantagruéliques, le devenaient encore davantage du fait que nous étions peu nombreux à consommer la cuisine du bord.

Claude Lévi-Strauss

Je viens de passer ma première nuit de quart dans les chambres de chauffe. J'ai suivi la circulation du mazout d'étage en étage. J'ai grimpé aux échelles en me faufilant sous le ventre tiède des immenses condensateurs tout argentés. Nulle part on ne voit tourner une roue ni travailler une bielle, là où je débouchai dans la salle des dynamos, seul témoignage de la force invisible d'une puissance de 164 000 chevaux qui anime ce navire, le pousse et le jette en avant à la vitesse extraordinaire de près de 60 km/h.

Blaise Cendrars
Compte rendu du voyage inaugural de *Normandie.*

Le 15 avril 1912 à 2 heures du matin, le *Titanic* s'enfonce dans l'eau noir de l'Atlantique nord. Il a heurté un iceberg 2 heures plus tôt et l'eau s'est engouffrée dans la coque par une déchirure de 90 m de long. Sur les 2331 personnes présentes à bord, 705 seront sauvées.

Le *Normandie,* 313 m de long, comparé à divers embarcations des temps anciens. Le *Normandie* brûlera dans le port de New York en 1942.

La marine marchande

Les porte-conteneurs sont les plus rapides des navires marchands. Leur vitesse de croisière dépasse souvent 25 nœuds.

Les pétroliers sont devenus gigantesques allant jusqu'à dépasser 500 000 tonnes de capacité de transport. Ils sont très fragiles. La maquette que vous faites naviguer sur le bassin du jardin public est comparativement beaucoup

plus solide : lorsque vous la rangez, vous la placez sur deux supports, un à l'avant, l'autre à l'arrière ; eh bien, un pétrolier que l'on voudrait faire reposer

Ce pétrolier, en cours de déchargement, pompe le pétrole brut distribué par une bouée terminale, ancrée au large.

sur deux cales, dans les mêmes conditions, se casserait en deux ! Pire

encore, si le chargement de pétrole est mal réparti et qu'on remplit d'abord à ras bord les cuves du milieu alors que celles des extrémités restent vides, le même accident est à redouter. On comprend que dans les houles gigantesques de l'océan, les commandants réduisent la vitesse et évitent que leur bateau ne chevauche plusieurs vagues à la fois.

Dyna est un pétrolier expérimental à voiles rigides et escamotables.

Dimensions du pétrolier géant *Batillus* :
longueur 414 m,
largeur 62 m,
hauteur de la coque 36 m
poids en charge 634 000 t
poids à vide 75 000 t
vitesse 16 nœuds

Le mousse

Mousse : il est donc marin ton père ? …
– Pêcheur. Perdu depuis longtemps.
En découchant d'avec ma mère,
Il a couché dans les brisants…

Maman lui garde au cimetière
Une tombe – et rien dedans –
C'est moi son mari sur la terre,
Pour gagner du pain aux enfants.

… La mère pleure, le dimanche,
Pour repos… Moi : j'ai ma revanche
Quand je serai grand – matelot ! –

Tristan Corbière

Le pêcheur

L'océan est le réservoir d'une immense richesse, le poisson. Au début seules les régions côtières en consommaient régulièrement. Ensuite, avec le salage, le fumage, et plus tard les frigorifiques, la mise en conserve, la demande augmenta.

L'homme se fit alors le travailleur de la mer. Certains ont préféré tendre leurs lignes en eaux côtières ou sur les plages. D'autres ont quitté leurs rivages, leurs maisons, leurs familles pour devenir ceux de la grande pêche.

Les pêches au filet

Un hameçon, un poisson. Avec le filet, le résultat est tout de même plus spectaculaire.

1

2

Ceux de la côte utilisent la *senne* (1) qui est un filet d'encerclement. Les grands thoniers modernes s'en servent aussi dans les eaux tropicales. Dans la zone côtière, les poissons se prennent les ouïes au *trémail* (2), ainsi nommé parce qu'il est composé de trois filets superposés : les deux de l'extérieur aux mailles grossières en entourent un troisième aux mailles plus fines. On le mouille pour plusieurs heures, entre deux bouées par exemple ; puis on le remonte à bord des chaloupes.

Le *chalut* (3) est un filet en forme de poche que le bateau traîne derrière lui, sur le fond. Il prend tout ce qui se trouve sur son trajet.

Les *pélagiques* (4) sont des chaluts de grandes dimensions (plus de

Les eaux se meurent…
Les eaux sont mortes ou…
quasi mortes.

Jean Recher

100 m d'ouverture) travaillant à plus grande profondeur et parfois tirés par deux chalutiers.

Maintenant je suis un pêcheur chalutier
Et je laboure les vagues furieuses.
Et quand la cale sera pleine
Nous irons virer au guindeau
Nous chanterons à perdre haleine
En hissant les voiles pour Bordeaux !
On a fini la campagne
Y pensez-vous les gars ?
Huit mois passés là-bas
Ça compte comme absence !
C'est pourtant l'existence
En notre dur métier
Du pêcheur morutier !

Leclerc, dit Bleu Pâle, de Cancale
pêcheur morutier aux Bancs de Terre-Neuve
1912

Haveneau : à pousser devant soi sur le sable ou l'herbier pour pêcher la crevette.

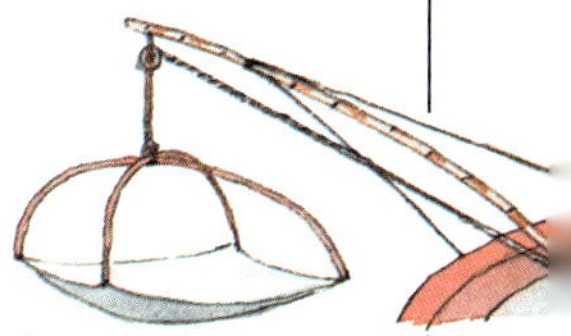

Le *carrelet* sert à pêcher des poissons plats en eaux peu profondes : on le remonte brusquement à la surface lorsqu'un banc vient à passer au-dessus.

«Des poissons...

Dans le golfe de Gascogne, naviguaient de superbes voiliers traquant un poisson qui se fait rare, un poisson rapide, parfois énorme, un poisson délicieux : le thon blanc ou *germon*. On le pêchait en faisant route à bonne vitesse, toutes voiles dehors, avec de longues lignes traînées derrière soi, à l'écart du sillage, grâce à des tangons inclinés de part et d'autre du mât principal comme de longues antennes. Ces bateaux à la silhouette si élégante s'appelaient les *dundées*. Leurs principaux ports d'attache étaient Douarnenez, Audierne, Concarneau, Port-Louis, Etel, Les Sables d'Olonne et les îles de Groix, Belle-Île, Yeu.

La *palangre* est une ligne tendue parallèlement au fond, d'où pendent une multitude de lignes plus courtes portant chacune un hameçon.

– Poisson, dit le vieux,
poisson faut que tu meures.
De toute façon. Tu veux
que je meure aussi ?

Ernest Hemingway

... si grands»

Quand ils s'en vont nos gais thoniers
Voguer là-bas sur l'Atlantique
Pêcher les poissons azurés
Ah qu'ils sont beaux et magnifiques !
Avec ses voiles pleines au vent
Au vent de nord-est qui les pousse
Sur le «Va-de-l'avant» chante un mousse,
Répétant ce refrain touchant :

Vaillant dundée court sur les eaux profondes
Vaillant dundée entre le ciel et l'onde
Va, conduis-nous et que la pêche abonde
Et dans huit jours que l'on soit de retour.

Paul-Emile Pajot

La pêche dite «sportive» se pratique du pont d'une vedette à moteur, harnaché sur un siège «baquet» avec canne en fibres de verre et moulinet puissant.

Ci-dessus, thonier moderne à moteur.

La chasse à la baleine

«Sus aux cachalots»

«Pique ! Pique !»

«Gare à la queue !»

«A planter nos marques»

Deux baleines tirées : la chasse est bonne.

Pour retrouver ma douce amie, oh mes boués
Oh la ! Oh la la la !
Pique la baleine, joli baleinier,
Pique la baleine, je veux naviguer.*

**my boys*

Chanson des baleiniers français

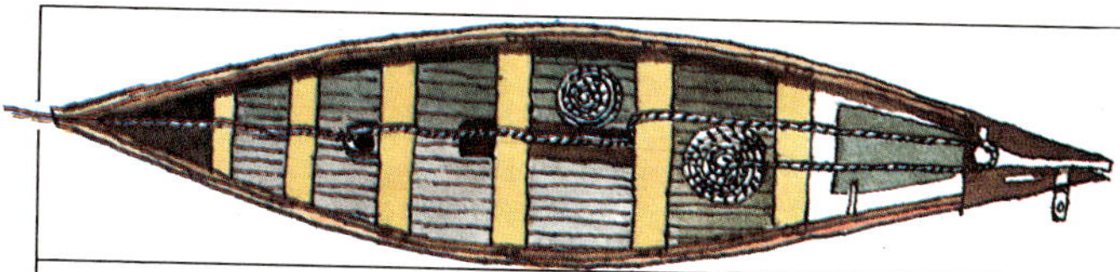

Baleinière et sa ligne.

Dès qu'ils s'aventurèrent sur les océans, les hommes découvrirent ces «monstres marins» que sont les baleines. Ils comprirent très vite l'intérêt de cette pêche : de l'huile à pleins barils et l'équivalent de cent bœufs de viande pour une baleine.

Des navires s'apprêtèrent spécialemet pour ce qui ressemblait plutôt à une chasse.

Des ports comme Nantucket ou New Bedford devinrent les spécialistes du genre, et leurs bateaux sillonnaient les mers – trois ans de suite parfois – à la poursuite des fameux «souffles»…

Une seule chose importe : l'huile ! et à tout prix ; celui de la vie de la baleine ou de la vie des hommes. Non loin de là, en panne, le baleinier attend le retour des chasseurs.
Les prises seront dépecées et débitées sur place ; la viande séparée du gras que l'on fait fondre pour le mettre en barils.

Harpon

«Pilote, à vous le soin !»

Réponse du pilote au capitaine qui lui confie son navire

Après Dieu, je prends le commandement de ce navire, et avec l'aide de Notre-Dame, je le conduirai en bon abri.

– Où sommes-nous, pilote ? (…)
Le pilote répondit :
– Nous sommes dans la volonté de Dieu.
Un pilote est un maître ; il faut toujours le laisser faire et il faut souvent le laisser dire.
D'ailleurs cette espèce d'homme parle peu.

Victor Hugo

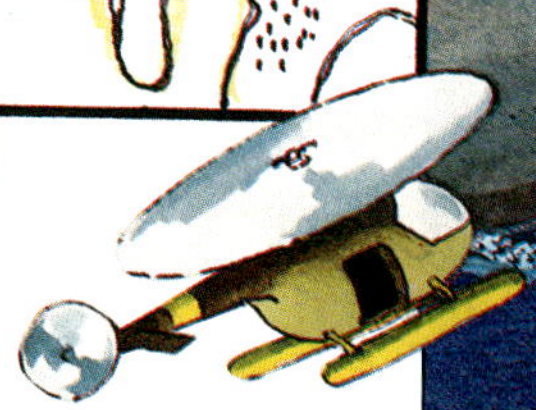

D'après les *Merveilles de de la nature* publiées en 1621, le pilotage : *C'est quand ceux du païs avec avec de petits bateaux conduisent des vaisseaux étrangers par les bonnes routes, hors des brisants, des sables et des rochers...* Le pilote doit être bon manœuvrier et acrobate pour quitter son canot et grimper sur le navire qu'il va « servir ».

... Le vapeur approche, Dupernet saute dans le canot avec Alexandre. L'accostage n'est pas facile car le navire roule furieusement bord sur bord. Cependant, profitant d'une lame, Dupernet saisit l'échelle et grimpe, non sans s'être copieusement fait tremper de la tête aux pieds...

Compte rendu
du *Journal des Voyages*, 1904

La situation géographique, et l'importance du port du Havre expliquent que s'y soit implantée depuis le XVIIe siècle une grande station de pilotage, dont les hommes allaient attendre les navires à l'entrée de la Manche pour les guider parmi les bancs de sable de la baie de Seine.

Les sauveteurs

Avec la tempête naquit une race d'hommes qui surpassa toutes les autres : celles des sauveteurs, les Saint-Bernard de la mer. Ces hommes, choisis parmi les équipages ou parmi les marins de bonne volonté, affrontaient les éléments déchaînés au péril de leur vie, pour sauver celle des autres. Ils s'enfonçaient au plus fort des tempêtes avec leur canot à rames. Ils utilisent, aujourd'hui, un équipement plus

L'eau sous la barque se creuse ;
La mer, de l'homme amoureuse,
L'emporte et croit le bercer,
Et la vague se lamente
Quand la formidable amante
L'a tué dans un baiser.

Victor Hugo

sophistiqué : canots à moteur insubmersibles, hélicoptères... Et les navires eux-mêmes possèdent un matériel de sécurité désormais obligatoire : fusées éclairantes, canot pneumatique à gonflement automatique avec balises lumineuses et radio qui permettent de prévenir en cas de détresse et d'attendre les secours...

L' sémaphor' vient d' nous signaler
Un brick qu'est en détresse au large.
Heureus'ment qu' chacun d' nous s'en
charge,
Et n' caponn' pas pour y aller.
Dégringolez vit' par tribord,
Si vous voulez la parer belle ! ...

V'là deux heur's qu'on s' crève à chercher...
Mais, est-c' que v'là pas, sous la lune,
Notre animal qu'est sans mâts d'hune,
Tout près, su' la point' du rocher ?
– «Oui, patron, mêm' la mer le drosse
Rud'ment dessus, i' n' f'ra pas long feu !»
Fil' l'écout' que j' l'accoste un peu.
Ho ! du brick, abraquez not' bosse !

Yann Nibor

Sous la mer

1

Jusqu'au XIIIe siècle, l'exploration des mers se limitait à la surface. Si quelques audacieux se risquaient à plonger, ils rencontraient deux problèmes majeurs : la réserve d'air et, en profondeur, la pression.

Léonard de Vinci, ingénieur et peintre, étudia le problème et proposa plusieurs dessins de scaphandres. Mais ils restèrent à l'état de projet. Des plongeurs astucieux et téméraires tentèrent des expériences diverses : certains s'attachaient à des tonneaux lestés, emprisonnés dans des sacs remplis d'air.

2

Aujourd'hui, les deux obstacles (air, pression) maîtrisés, l'exploration sous-marine est possible.

Le célèbre commandant Cousteau sur son navire océanographique *La Calypso* (1), utilise scaphandres autonomes (2) et soucoupes plongeantes (3) tant pour observer les fonds marins que pour améliorer son matériel et faire progresser les techniques.

L'ingénieur Auguste Piccard, quant à lui, conçut le bathyscaphe *Trieste* pour

3

descendre à plus de 11 000 mètres dans la fosse des Mariannes : monde étrange et noir peuplé de monstres aveugles.

Mais si l'exploration sous-marine a permis d'évaluer l'importance des richesses en minerais, l'exploitation, elle, n'est qu'à ses débuts.

Le commandant Cousteau

La mer, ô célestes abîmes,
Vous est égale en majesté !
Elle a ses profondeurs
sublimes,
Elle est aussi l'immensité;
Ce qu'est à l'air le vent
qui gronde,
Les courants le sont
à son onde ;
Elle a son azur éternel,
Ses météores, ses étoiles,
Et le navire ouvrant
ses voiles
Est l'oiseau de cet autre
ciel !

Victor Hugo

Auguste Piccard…

… et son bathyscaphe *Trieste*

Les derniers grands voiliers

La Première Guerre mondiale (1914-1918) a précipité la fin des grands voiliers. Dès lors, tout le transport maritime sera assuré par des navires à propulsion mécanique.

Par chance, quelques associations de bénévoles, quelques Marines nationa-

les ont fait l'effort d'entretenir les rares survivants de l'âge d'or de la voile et, lors de grands rassemblements, ici et là dans le monde, on peut se laisser émouvoir au spectacle de ces «cathédrales de toile ».

Comme de lumineux tombeaux,
Les vaisseaux d'or semblent posés,
De loin en loin, sur les plaines
des eaux.

Emile Verhaeren

Ci-contre, le *Krusenstern* qui appartient à la Marine soviétique.

La France possède deux goélettes à bord desquelles sont formés les cadets de l'Ecole Navale : l'*Etoile* et la *Belle Poule*.

1. *Reliance,* vainqueur en 1903.
2. *Ranger,* vainqueur en 1937.
3. 12m JI des années 50.

L'America

En 1851, cinq riches Américains envoient leur goélette toute neuve disputer une course en Angleterre où se tient la grande Exposition Universelle. Le bateau montre une supériorité écrasante sur les yachts anglais et remporte une coupe sans nom, qui deviendra la *Coupe de l'America*. Pendant un siècle, les Anglais, puis les Canadiens, les Australiens, les Français, les Suédois et les Italiens tenteront de la ravir. Plus d'un siècle au cours duquel les goélettes et les cotres géants couverts de toile laissent la place à des bateaux plus petits, les 12m JI. Plus d'un siècle qui verra s'affronter capitaines d'industrie, banquiers, patrons d'empires commerciaux ou immobiliers. Jusqu'au jour où... 26 septembre 1983, le 12 m *Australia* bat l'américain *Liberty* de 47 s. La coupe changeait enfin de mains.

Le petit lexique des marins

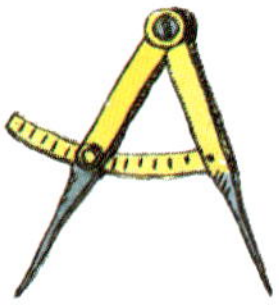

Abattre

Un navire à voiles abat lorsqu'il change de route pour s'éloigner de la direction du vent.

Accastillage

Mot dérivé de *Castel* qui s'appliquait aux XVIe, XVIIe et XVIIIe siècles, aux riches décorations des châteaux avant et arrière des vaisseaux. Il désigne maintenant l'ensemble des équipements installés sur le pont d'un voilier.

Affaler

Faire descendre : affaler une voile.

Allure

Direction que suit un voilier par rapport à la direction du vent. Les principales allures sont le plus près, le largue, le grand largue et le vent arrière.

Amarrer

Attacher.

Amer

Tout objet fixe qui peut servir de repère pour un marin se trouvant sur la mer.

Amure

Point inférieur de la voile au bas de son bord d'attaque, toujours dirigé du côté d'où vient le vent. Tribord amures, le voilier reçoit le vent par sa droite : babord amures, il le reçoit par sa gauche.

Armer

Faire construire, équiper et naviguer un navire (armement, armateur).

Artimon (mât d')

Le mât le plus en arrière d'un voilier à trois mâts et plus.

Babord

Gauche du navire quand on regarde vers l'avant.

Barre

Commande du gouvernail. Ce peut être un manche ou une roue.

Beaupré

Mât incliné, presque à l'horizontale, tout à fait à l'avant du navire.

Boucaniers

Chasseurs de bœufs sauvages sur l'île Hispaniola au XVIIe siècle. La viande était *boucanée*, c'est-à-dire fumée.

Cabestan

Treuil vertical servant à virer les amarres ou les ancres.

Cale

1. Fond du navire, où s'entasse la cargaison.
2. Plan incliné sur lequel le navire est construit avant d'être lancé.

Calfater

Colmater les interstices existant entre les planches qui forment une coque de bois.

Carène

Partie immergée de la coque. On dit aussi *œuvres vives* par opposition aux œuvres mortes qui sont tout ce qui se trouve au-dessus de l'eau lorsque le navire est dans ses lignes.

Chaland

Bateau à fond plat destiné au transport de marchandises sur les fleuves.

Cotre

Bateau à un seul mât et plusieurs voiles d'avant.

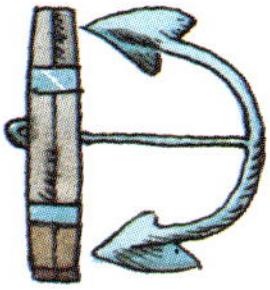

Dérive

1. Déviation que subit la route d'un navire par l'effet du vent sur son gréement ou des vagues sur sa coque.
2. Plan qui s'enfonce verticalement dans l'eau pour combattre la dérive d'un voilier.

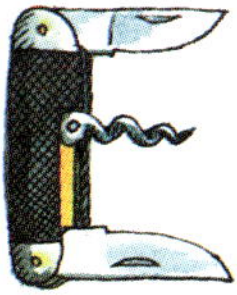

Etambot

Pièce de construction située tout à l'arrière et au centre du navire. Supporte en général le gouvernail.

Etrave

Bord avant du bateau, où se rejoignent les deux côtés de la coque.

Franc-bord

Hauteur de la coque comprise entre la surface de l'eau et de l'intersection avec le pont.

Gîte

Inclinaison latérale d'un navire par rapport à la verticale.

Godiller

Faire avancer un bateau à l'aide d'un seul aviron placé à l'arrière.

Goélette

Voilier à deux mâts, dont le mât arrière est plus haut que le mât avant.

Gréer

Equiper un voilier de son mât, de ses voiles, de tous les filins et cordages qui en permettent la manœuvre (gréement).

Haler

Tirer au moyen d'un cordage ; en anglais : *to haul.*

Hauban

Câble ou filin qui sert à maintenir le mât vertical.

Iceberg

Masse de glace, aux $9/10^{ème}$ immergée, détachée des glaciers terrestres ou de la banquise.

Jauge

Volume (ou mesure du volume) de la coque d'un navire. S'exprime en général en tonneaux (= 2,83 m^3).

K

Onzième pavillon du Code International. Signifie : «Je désire entrer en communication avec vous».

Lamaneur

Pilote portuaire ou marin dont les connaissances permettent de guider les navires vers le port.

Lest

Matières pesantes placées au fond du navire pour résister à la gîte.

Lofer
Se rapprocher de la direction du vent (contraire : abattre).

Manille
Sorte d'anneau que l'on peut fermer à l'aide d'un boulon.

Marée
Mouvement périodique de la mer qui monte et descend sous l'action de la lune.

Matelot
Homme d'équipage travaillant sur le pont.

Mercator (1512-1594)
Inventeur d'un moyen de représenter la surface de la sphère terrestre sur une surface plane et, par suite, père de nos cartes marines.

Mille marin
En principe, valeur d'une minute d'arc à la surface de la terre ; en pratique, unité de mesure de la distance valant 1852 mètres.

Nage
Mouvement imprimé aux rames pour faire avancer un bateau.

Nœud
Unité de mesure de la vitesse = un mille marin par heure, soit 1,852 km/h.

Octant
Instrument permettant la mesure des angles entre l'horizon et les astres, jusqu'à 90° (le sextant permet d'aller jusqu'à 120°).

Panne
Mettre en panne : stopper.

Pavillon
Drapeau dans le langage des marins.

Pavois
Partie de la coque qui se trouve au-dessus du pont.

Périple
Navigation autour d'une mer, en suivant les côtes.

Pont
Plan approximativement horizontal qui ferme la coque d'un navire par le haut. Supporte l'accastillage. Les mâts y sont emplantés.

Quart
Période de quatre heures pendant laquelle les hommes d'équipage sont de service.

Quille
Partie basse et médiane de la coque, dans le sens de la longueur (gratter le fond de sa quille).

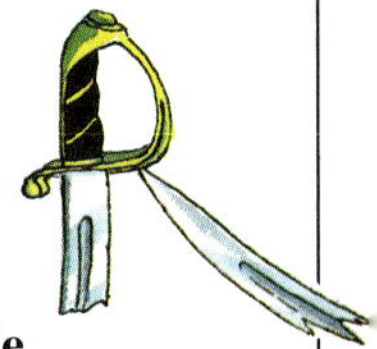

Rade
Baie abritée propice au mouillage des navires.

Régate
Course de bateaux.

Renflouer
Remettre à flots.

Sabord
Ouverture rectangulaire dans le côté de la coque pour laisser passer la gueule du canon. (Saborder : ouvrir les sabords pour faire couler volontairement le navire).

Scaphandre
Appareil permettant la plongée sous-marine individuelle.

Scorbut
Maladie due à un manque de vitamine C qui affectait les marins au cours des longues traversées. James Cook fut l'un des premiers à lutter contre en faisant boire du jus de citron à ses hommes.

Sloop
Voilier à un seul mât, avec une seule voile d'avant.

Sonde
Appareil servant à déterminer la profondeur et la nature du fond ; autrefois, simple cloche de plomb dont la base était remplie de suif pour recueillir un échantillon du fond.

Talonner
Toucher le fond avec la partie arrière de la quille.

Tirant d'eau
Distance verticale entre la surface de la mer et le bas de la quille.

Tramontane
Vent du nord en Méditerranée.

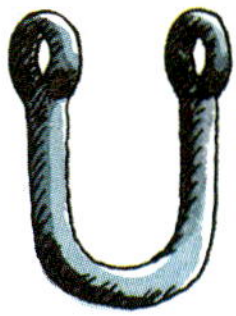

U
Dans le code international des signaux, veut dire : «vous courez sur un danger».

Vergue
Sorte de perche supportant une voile.

Virer
1. Tirer sur un cordage (à l'aide d'un cabestan).
2. Changer de direction en changeant d'amure.

Williwaw
Violentes rafales descendant des montagnes dans le détroit de Magellan.

Winch
Petit treuil employé sur les bateaux de plaisance.

Yacht
Mot anglais, venu du hollandais jacht (XVIe siècle), désignant un bateau de plaisance.

Youyou
Petite embarcation servant d'annexe au navire principal.

Zenith
Point situé au-dessus et juste à la verticale de l'observateur.

Biographies

Dominique Duviard est né à Nantes en 1940. Il passe sa jeunesse entre des études versaillaises et des vacances vendéennes (Ile d'Yeu, Saint Gilles Croix-de-Vie). Il fait ensuite à Paris des études d'écologie animale et de biologie tropicale, dans lesquelles il se spécialise. Il passe dix ans entre la Côte d'Ivoire, le Mali et le Ghana à observer et étudier les insectes ravageurs du cotonier. Il regagne la France pour se consacrer à l'histoire de la pêche aux derniers temps de la marine à voile. Ses moments de loisirs, il les passe à l'île de Groix et sur son bateau, un petit cotre aurique baptisé « Kenavo ». Il est marié à Zoé, et père de deux enfants.

Tony Ross est le fils d'un prestidigitateur, petit-fils d'un musicien, arrière-arrière petit-fils d'un des illustrateurs de Charles Dickens, et le descendant du clan des Ross, de l'ancienne contrée Viking des «Highlands» écossaises. Il souhaitait devenir pilote d'avion, et est devenu illustrateur après son échec à l'examen d'entrée de l'École de l'Air : dessiner était la seule chose qu'il savait faire.

Table des poèmes

bord des Long-courriers, Denoël, 1969). **59.** Federico Garcia Lorca, «Il rapportait en son cœur un poisson»... (extrait, trad. par André Bélamich, *Marins au bord de l'eau*, Gallimard). **64.** Claude Lévi-Strauss, «Je voudrais aujourd'hui qu'il m'ait été donné»... (extrait, *Tristes Tropiques*, Plon, 1959). **65.** Blaise Cendrars, «Je viens de passer ma première nuit»... (extrait, compte rendu de Blaise Cendrars, envoyé spécial de *Paris Presse* lors du voyage inaugural du Normandie en 1937). **68.** Tristan Corbière, Le Mousse (extrait, *Les Amours jaunes*, 1873). **71.** Jean Recher, «Les eaux se meurent»... (extrait, *Le Grand Métier*, Plon, 1977). **72.** Ernest Hemingway, «Poisson, dit le vieux»... (extrait, trad. par Jean Dutourd, *Le Vieil Homme et la Mer*, Gallimard, 1952). **73.** Paul-Emile Pajot, «Quand ils s'en vont nos gais thoniers»... (Chanson des Thoniers, 1900). **74.** Anonyme, «Pour retrouver ma douce»... (Chanson des baleiniers français). **76.** Victor Hugo, «Où sommes-nous pilote ?»... (extrait, *Quatre-Vingt-Treize*, 1874). **77.** Anonyme, «Le vapeur approche»... (extrait, *Compte rendu du Journal des voyages*, 1904). **78.** Victor Hugo, «L'eau sous la barque creuse»... (extrait). **79.** Yann Nibor, «L'sémaphor'vient d'nous signaler»... (*Les Sauveteurs*, extrait). **81.** Victor Hugo, «La mer, ô célestes abîmes»... (extrait, *La légende des siècles*). **83.** Émile Verhaeren, «Comme de lumineux tombeaux»... (extrait, *Vers la mer*).